4·3을 바로 알자

4·3을 바로 알자

부록 : 대한민국 건국절 논쟁

김영중 저

제주4·3사건재정립시민연대

목차

1. 제주4·3사건의 정의와 성격은?   6
2. 4·3사건이 폭동·반란인 이유는?   7
3. 4·3사건 발생 이유는?   9
4. 북한이 먼저 단독정부를 세웠다는 증거는?   11
5. 남로당은 5·10선거를 어떻게 방해했나?   12
6. 4월 3일을 D-day로 정한 이유는?   13
7. 4·3사건을 일으킨 주체는?   14
8. 남로당제주도당 세력은 어느 정도?   15
9. 남로당제주도당의 핵심 당원은 몇 명?   17
10. 남로당제주도당 인민해방군 사령관은 누구?   18
11. 4·3사건의 폭동계획과 그 결과는?   20
12. 경비대 동원이 실패한 이유는?   21
13. 4·3사건의 기간은?   23
14. 1947년 '3·1사건'은 어떤 사건인가?   24
15. 4·3사건은 제주도당이 독자 결행했나?   25

16. 〈제주도인민유격대투쟁보고서〉란 어떤 보고서인가? 27
17. 소련이나 북한이 4·3사건을 지원했나? 29
18. 4·3사건의 인명피해는? 32
19. 군·경·우익단체원 피해는? 34
20. 남로당에 합세한 군·경은 없었나? 35
21. 4·3수형인 재판은 어떻게 됐나? 36
22. 제주4·3평화공원에 모셔진 위패는 모두 적격자인가? 38
23. 4·3정부보고서를 새로 써야 하는 이유는? 39
24. 제주4·3평화공원 영상·전시물은 올바른가? 41
25. 화해·상생을 위해선 어떻게 해야 되나? 42
26. 결론적으로, 제주4·3사건은? 44

[부록]
대한민국 건국절 논쟁 46

1. 제주4·3사건의 정의와 성격은?

제주4·3사건은 1948년 4월 3일에 시작된 남로당의 폭동·반란[1]으로, 만 9년 동안 지속되었습니다. 4·3사건은 크게 두 가지 주요 특징을 가집니다.

첫 번째 특징: 남로당이 대한민국 건국을 저지하고 공산주의 통일을 하려고 일으킨 폭동·반란입니다.

두 번째 특징: 4·3사건에서 선량한 도민 다수가 무고하게 희생된 사건입니다.

1948년 4월 3일 중앙당과 전남도당의 지령을 받은 남로당제주도(島)당이 5월 10일에 예정된 제헌국회의원 선거를 방해하기 위해 폭동·반란을 일으켰습니다. 이는 대한민국 건국을 저지하고 소련과 김일성의 노선에 따라 공산주의 통일을 이루기 위해서였습니다. 1957년 4월 2일에 사건을 완전히 진압할 때까지 만 9년 동안 많은 도민이 무고하게 희생되었습니다.

---

1 1948년 4월 3일~8월 14일까지의 무장폭력은 폭동, 8월 15일 대한민국 건국 이후의 무장폭력은 반란

2. 4·3사건이 폭동·반란인 이유는?

제주4·3사건을 민중항쟁이 아니고 폭동·반란으로 보는 이유는 여러 가지입니다.

선거 방해 : 남로당제주도(島)당은 1948년 5·10제헌의원 선거 때 북제주 2개 선거구 선거를 파탄 내 대한민국 건국을 방해했습니다. 이는 전국 200개 선거구 중 유일한 사례입니다.

도민에 대한 공격 : 제주도민들은 남로당의 습격에 대비해 마을마다 주위에 돌로 성을 쌓고 남녀노소가 동원되어 주야로 보초를 섰습니다. 이는 남로당의 살인, 방화, 약탈, 납치, 테러, 협박을 막기 위해서였습니다.

북한 정권 수립에 앞장 : 4·3주동자는 북한 정권 수립에 기여하고, 대한민국의 건국에는 반대하는 행동을 했습니다. 이들 중 일부는 북한으로 넘어가 북한 정권 수립에 적극적으로 참여하였습니다. 예를 들어 김달삼은 박헌영의 지령에 따라 지하 선거를 실시해 그 투표지를 가지고 월북하여 북한 정권 수립에 적극 앞장섰습니다. 월북한 김달삼·안세훈·강규찬·고진희·이정숙·문등용은 북한 제1기 최고인민회의 대의원(우리의 국회의원)이 되었습니다.

대한민국 전복 시도 : 남로당제주도당 인민해방군 제2대 사령관 이덕구는 1948년 10월 24일 대한민국을 상대로 선전포고를 했습니다. 남로당제주도당은 6·25남침전쟁 발발 직후, 각 읍·면별로 '인민군지원환영회'를 조직하여 한라산 인민해방군과 합세 공격을 강화하고 북한군이 상륙하면 그들과 함께 대한민국을 전복하려 했습니다.

제주도 적화 음모 : 남로당제주도당은 1948년 11월 1일 경찰프락치를 주축으로 통신장악, 유치장개방, 무기고탈취, 경찰·정부 관료와 우익인사 암살, 도내의 모든 관공서 방화를 통해 제주도를 공산화 해방구로 만들려 했습니다.

군 병력 동원 시도 : 남로당제주도당은 1948년 4월 3일 제9연대 병력 200명을 동원하여 제주도 경찰본부인 제주경찰감찰청(현 제주경찰청)과 제1구경찰서(제주경찰서)를 습격하여 경찰을 제압한 후 인민공화국을 수립하려 하였습니다.

주동자의 실토 : 남로당대정면당 위원장 이운방은 4·3주도자는 빨갱이, 최종 목적은 공산주의, 우선 목적은 통일조국건설이라고 말했고, 일본으로 도피한 4·3 주동자 김봉현도 4·3은 조선민주주의인민공화국 창건을 위한 투쟁이라고 고백했습니다.

이러한 이유로 인해 제주4·3사건은 민중항쟁이 아니라, 대한민국 건국을 방해하고 공산통일을 목표로 한 폭동·반란입니다.

■ 지하선거

북한은 단독선거를 하는 남한보다 정통성 우위를 주장하기 위해 한반도 전체에서 선거했다는 명분을 내세우려 했습니다. 남로당은 남한 지역에서 공식적 선거가 불가능하니 비밀리에 선거를 진행하기로 했습니다.

북한이 남한 지역에 배정한 북조선최고인민회의 대의원(우리의 국회의원) 360명을 뽑기 위해 그 3배수인 남조선인민대표자 1,080명을 비밀리에 뽑았습니다. 이 선거를 지하선거라고 합니다. 이 1,080명이 1948년 8월 25일 황해도 해주에 모여 360명 대의원을 선출했습니다.

지하선거는 박헌영이 해주에서 지휘했고 특수요원이 제주에도 파견되어 이들의 지휘 아래 1948년 7월 20일부터 지하선거가 진행되었습니다. 제주도민은 북한정권 수립을 위한 지하선거에 52,350명이 참여하였습니다.

3. 4·3사건 발생 이유는?

1945년 8월 15일 일본이 항복하고 우리는 해방됐습니다. 소련은 한반도에 들어설 새 정부를 어떤 이념과 체제로 할 것인지 미국과 다른 생각을 하고 있었습니다. 해방 직후인 9월 20일 스탈린은 북한에 단독정부를 만들라는 극비지령을 내렸고 북한은 우리보다 먼저 단독정권 수립을 착착 진행했습니다.

그해 12월 모스크바 3상회의에서 5년간 한반도를 신탁통치하고 미소공동위원회를 두어 모든 문제를 여기서 협의하기로 했습니다. 그러나, 제1·2차 회의는 아무런 합의 없이 완전히 결렬되고 말았습니다.

결국 한국 문제는 1947년 9월 17일 UN에 상정되었고, 11월 14일 UN총회에서 남북한 인구비례에 의한 총선거를 결의했습니다.

그러나, 북한은 선거관리를 위한 UN한국임시위원단의 입북을 거절했습니다. 이 사실을 보고받은 UN은 1948년 2월 26일 선거 가능한 남한만이라도 선거를 실시하도록 했습니다. 이것이 바로 1948년 5·10선거입니다.

남한 선거가 점점 확실해지자 초조해진 남로당은 1948년 2월 7일을 기해 전국에 5·10선거 반대폭동을 준비했습니다. 제주도에도 어김없이 이 지령이 전달되었습니다.(2·7구국투쟁)

남로당의 불온한 동향을 파악한 제주경찰은 1948년 1월 22~26일 남로당제주도당 지휘부 221명을 체포했습니다. 이 사건을 '1·22검거사건'이라고 합니다. 이로 인해 조직은 노출되었고 2월 7일로 예정된 폭동은 좌절로 끝났습니다. 38선 남북왕래가 차단되어 퇴로마저 봉쇄된 마당에 대한민국이 건국되면 남로당은 존립기반은 물론 신변에 위협을 느끼게 되었습니다. 그래서 남로당은 살아남기 위해 5·10선거 저지투쟁을 사활적 목표로 삼았습니다.

하지만 UN과 미군정은 5·10선거를 앞두고 '선거의 자유분위기 보장' 방침에 따라 이미 검거한 남로당제주도당 간부들 전원을 석방하라고 지시했습니다. 검거 한 달여 만에 석방된 이들은 1947년 8월에 조직된 인민해방군을 재정비하면서 본거지를 산으로 옮기고 1948년 2월

25일에는 제주도당을 구국투쟁위원회로 개편하는 등 무장 반격전 준비를 마쳤습니다. 그리고 3월 중순 중앙당에 다녀온 전남도당 조직지도원(오르그, organizer, org)으로부터 무장반격에 관한 결정적 지시를 받고 1948년 4월 3일 새벽 2시에 제주도 내 24개 경찰지서 중 12개 지서를 습격하여 당일 경찰관 10명과 5·10선거 선거관리위원 등 민간인 17명을 살해하면서 4·3이 시작되었습니다.

4. 북한이 먼저 단독정부를 세웠다는 증거는?

북한이 남한보다 먼저 단독정부를 세웠다는 것을 보여주는 몇 가지 증거가 있습니다.

첫째, 북한은 소련의 조종으로 1946년 2월 8일 북조선임시인민위원회라는 '사실상 정부'를 만들었습니다. 이를 통해 개인 소유 토지를 무상 몰수하는 토지개혁을 공포하고 3월 안에 빠르게 완료했습니다. 이런 일은 정부가 아니면 도저히 할 수 없는 일입니다. 이는 북한이 우리보다 2년 반이나 먼저 단독정부를 만들었다는 것을 보여줍니다.

둘째, 북한이 1947년 2월 20일 입법부인 북조선인민회의와 행정부인 북조선인민위원회를 만들었습니다. 이는 북한의 '확실한 정부'로서 우리보다 1년 반이나 먼저 단독정부를 수립한 것입니다.

셋째, 북한의 헌법 제정도 우리의 1948년 7월 12일 헌법제정보다 앞섰습니다. 북한은 1947년 11월 18일 임시헌법기초위원회를 설치하여 12월 20일 헌법 초안을 채택했습니다. 1948년 4월 24일 스탈린에게 헌법안 최종 승인을 받고 4월 29일 헌법을 통과시켰습니다. 1947년 6월 29일 북한애국가를 제정하고, 12월 1일 화폐개혁을 했으며, 1948년 2월 8일 인민군을 창설했습니다. 이러한 일련의 조치는 북한이 우리보다 먼저 단독정부를 완성했다는 것을 보여줍니다.

그런데 남한보다 단독정부를 늦게 수립한 것처럼 보이려는 스탈린은 1948년 1월 14일 스티코프(쉬띄꼬프)[2]를 통해 레베데프[3]에게 당분간 헌법 시행을 보류하고 새 헌법에 따른 선거는 남한보다 늦게 하라고 명령했습니다. 북한은 남북 분단 책임을 남한에 돌리려는 스탈린의 술수를 충실하게 따랐습니다.

이러한 사실은 북한이 남한보다 먼저 단독정부를 수립했다는 분명한 증거입니다.

5. 남로당은 5·10선거를 어떻게 방해했나?

5·10선거는 1948년 5월 10일에 있었던 제헌국회의원 선거입니다. 전국에서 91.7%의 국민이 선거인으로 등록했고, 95.5%가 투표에 참여할 정도로 국민 절대다수가 참여하고 지지한 선거입니다.

200개 선거구 중 3개를 배정받은 제주도는 전국에서 유일하게 2개

---

2 스티코프는 소련 연해주 군관구 정치담당 부사령관으로, 제1·2차 미소공동위원회 소련 측 대표이고 북한 주재 소련특명전권대사를 역임했다.
3 레베데프는 소련점령군사령부 정치사령관 겸 민정사령관으로 스티코프와 함께 북한 정권 출범의 실질적 주역이다.

선거구에서 투표율이 절반을 넘지 못하여 무효가 되었습니다. 남로당이 선거관리위원과 선거인을 살해하고, 투표소에 방화하고, 투표함과 서류들을 탈취하고, 투표를 못하도록 협박하여 선거인들을 산으로 몰아냈기 때문입니다. 5월 7일부터 10일까지 29명이 사망하고, 선거 당일 26개 투표소가 습격당했으며 제주읍사무소 투표소에는 수류탄이 터졌습니다.

6. 4월 3일을 D-day로 정한 이유는?

4월 3일은 1917년 레닌이 스위스 취리히에서 러시아 2월혁명의 성공 소식을 듣고 10년 동안의 망명 생활을 끝내고 러시아로 돌아온 기념일입니다. 또 스탈린이 1922년 소련공산당 총서기에 취임한 뜻깊은 기념일이기도 합니다. 스탈린은 자신의 정통성을 강화하기 위해 레닌의 귀국 기념일에 맞춰 취임했습니다.

남로당제주도당은 1947년 8월 인민해방군을 조직하고 다음 달부터 본거지를 산으로 옮겨 본격적인 훈련을 시작했습니다. 현재의 제주4·3평화공원 자리는 당시 인민해방군의 훈련장이었습니다.

1948년 2·7폭동이 진행되는 가운데 2월 26일 UN소총회에서 남한 선거가 확정되자 남로당은 투쟁을 강화했습니다.

1948년 3월 중순 남로당제주도당은 재차 내려온 전남도당 조직지도원(오르그) 이(李) 동무로부터 무장 반격전 지시를 받았고, 15일에는 그를 중심으로 실행계획을 수립했습니다. 준비가 모두 끝난 3월 28일

공산주의자에게 의미 있는 4월 3일을 D-day로 결정했습니다.

7. 4·3사건을 일으킨 주체는?

제주4·3사건을 일으킨 주체는 남조선노동당, 약칭 남로당입니다. 남로당은 1946년 11월 23일에 박헌영이 이끄는 조선공산당, 여운형의 조선인민당, 백남운의 남조선신민당 등 세 당을 합쳐 만들었고, 남로당은 강령 제2호에 '조선민주주의인민공화국 건설을 목적으로 투쟁한다'라고 규정한 정당입니다.

북한이 1946년 8월 28일 북조선공산당과 조선신민당을 합쳐 북조선노동당, 약칭 북로당을 만들었습니다. 이에 남한 지역에서도 부랴부랴 3당을 통합하고 당명도 북한을 따라 남조선노동당이라고 지은 것입니다.

이때 제주도에는 조선공산당제주도당만 있었고 조선인민당이나 남조선신민당은 없었습니다. 따라서 중앙에서 남로당으로 통합된 이후에도 제주도는 계속 공산당으로 남아있었습니다. 그러다가, 1947년 3·1운동기념투쟁을 앞둔 2월 12일이 되어서야 조선공산당제주도당 간판을 남로당제주도당으로 바꿨습니다. 그러므로, 4·3의 사실상 주체는 조선공산당제주도당으로 볼 수 있습니다.

8. 남로당제주도당 세력은 어느 정도?

남로당제주도당 당원 수에 대해서는 여러 가지 설이 있습니다.

가. 제민일보 4·3취재반이 펴낸 『4·3은 말한다』에 의하면 1948년 4·3 발발 당시 5,000~6,000명, 초여름 경에는 30,000명입니다.

나. 남로당 스스로는 5만 당원을 확보했다고 선전했으며, 김달삼이 북으로 가지고 간 지하투표지 52,350명도 남로당 선전 내용과 연계하여 추산하면 시사점이 많습니다.

다. 미군정은 제주도민 70% 가량이 남로당에 호의적이라 분석했습니다.

라. 1946년 10월 과도입법의원 당선자 문도배·김시탁은 제주도는 인민위원회가 인구의 8할을 통일하고 있다고 기자회견했습니다.

마. 보다 정확한 것은 1948년 7월 1일자 미 육군사령부 군정청 '브라운 대령 보고서'가 있습니다. 이 보고서는 1948년 5월 22일부터 6월 30일까지 40일간 제주도 주민 5,000여 명을 조사하고, 방첩대 등 군 정보기관과 군부대 및 경찰 정보, 포로수용소에 억류된 포로들의 소지품, 서류, 유인물들을 종합 분석한 보고서로서 신빙성이 매우 높습니다. 그 내용을 보면 다음과 같습니다.

"(5·10)선거 이전 기간 동안 공산주의 세포조직[4] 이 제주도의 모든 마을과 도시에 조성되었다. 이들 세포조직은 한 명의 지도자, 선동 전문가 그리고 보급 전문가, 그리고 큰 도시에는 현존하는 정부의 붕괴 시 시민행정 기능을 담당할 요원 등으로 구성되어 있다.[5] 촌락에 조직된 공산주의자 세포조직 이외에 제주도를 위한 인민민주주의 군대(the People's Democratic Army)가 구성되었다. 이 군대는 2개 연대와 보충 전투대대로 구성되어 있다. 장교요원들이 임명되었고 신병모집은 활발하다. 폭동이 최고조에 달했을 때 인민민주주의 군대 약 4,000명의 장교와 사병을 보유한 것으로 추산된다. 이들 중 10% 정도는 총으로 무장하였고, 나머지는 일본도와 재래식 창으로 무장하였다. 남로당의 여성조직도 구성되었으며 전체 회원명단이 밝혀졌다.

6명 정도의 훈련된 선동가와 조직가들이 제주도에 남로당을 설치하기 위하여 외부에서 파견된 것으로 추정된다. 또한 공산주의와 그 목적에 대하여 어느 정도 진정한 이해를 하고 있는 500~700명 정도의 동조자들이 파견된 6명의 특수 조직책들의 운동에 참여하였다. 또한 주민 60,000~70,000여 명이 남로당에 실제 가입한 것으로 추정된다."

---

[4] 세포조직이란 공산당 비밀활동조직의 기초단위이고, 지역·기관·단체·직장 등에 5~10명으로 조직하여 대표자를 두었다.
[5] 남로당제주도당은 5·10선거 이전에 도내 모든 마을에 리장, 선동부장, 보급부장을 지정했고, 제주읍에는 도지사, 군수, 읍면장을 미리 선정해 놓았다.

브라운 대령 보고서가 1948년 7월 1일 자였음을 고려할 때 4·3 당시 남로당 세력이 막강했음을 알 수 있습니다. 이들 중 남로당에 자진 입당하여 적극 활동한 자는 4·3에 책임이 있습니다.

9. 남로당제주도당의 핵심 당원은 몇 명?

남로당제주도당 당원 중 핵심세력의 규모에 대해 여러 가지 의견이 있습니다.

가. 「제주4·3사건진상조사보고서」(4·3정부보고서)에서는 핵심세력이 500명 선 이내라고 했습니다.
나. 일본으로 도피한 4·3 주동자 김봉현·김민주는 가장 애국적이고 열렬한 3,000명의 무장력을 가졌다고 기록했습니다.
다. 당시 좌익신문인 조선중앙일보와 민중일보는 2,000명이라고 보도했습니다.
라. 1948년 4월 9일 제주도 군정청 장관 맨스필드가 내도한 UN한국임시위원단 제1반에게 보고한 내용은 2,000명입니다.
마. 브라운 대령 보고서는 4,000명의 장교와 사병이 있다고 했습니다.

필자는 이러한 주장 중 신빙성이 매우 높은 브라운 대령 보고서의 4,000명이 가장 설득력이 있다고 봅니다. 4·3 주동자 김봉현·김민주의 3,000명도 내부자의 주장이므로 믿을 만합니다. 『4·3은 말한다』에서 남로당원 30,000명 중 최소 1/10인 3,000명을 핵심세력으로 보는 것도 합리적입니다. 이 남로당 핵심세력은 4·3에서 책임을 피할 수 없습니다.

10. 남로당제주도당 인민해방군 사령관은 누구?

1947년 8월에 남로당제주도당은 무장전투부대인 인민해방군(제주도인민유격대)을 조직했습니다. 이 부대를 이끈 첫 사령관은 김달삼이었습니다. 김달삼은 4·3사건을 주도했고 이후에도 여러 사람이 사령관으로 활동했습니다. 4·3정부보고서는 2대 이덕구, 3대 김의봉, 4대 허영삼, 5대 김성규라고 했지만 다른 자료에는 김대진, 고승옥이 포함되기도 합니다. 여기서는 김달삼과 이덕구만을 소개합니다.

초대 사령관 김달삼은 대정면 영락리 출신으로 본명은 이승진입니다. 그는 남로당중앙위원인 강문석의 딸과 결혼했고 강문석의 가명 김달삼을 이어받아 사용했습니다.
1946년 10월 대구폭동에 깊이 관여했고, 고향으로 돌아온 후에는 남로당대정면당 조직부장, 대정중학교 교사를 지냈고, 인민해방군의 첫 번째 사령관으로서 4·3사건을 이끌었습니다. 1948년 8월 2일 제주를 탈출해서 월북한 후 해주대회에서 '위대한 쏘련군과 그의 천재적 령도자 쓰딸린 대원수 만세'로 연설을 마치자 열렬한 박수를 받았습니다. 북조선 제1기 최고인민회의 대의원, 헌법위원회 위원이 되고 국기훈장 2급을 받는 등 북한의 영웅이 되었습니다. 1949년에는 게릴라 300명을 인솔하고 태백산지구에 침투하여 대한민국 전복을 꾀하다 월북했고 다시 남파되어 게릴라전을 벌이다 6·25전쟁 중 1950년 9월 30일 국군에게 사살되었습니다. 북한은 그를 기리기 위해 평양 신미동 애국열사 묘역에 가묘를 만들어 추모하고 있습니다.

2대 사령관 이덕구는 조천면 신촌리 출신으로, 일본관동군 소위로 복무하다 대위로 제대했습니다. 조천면민주청년동맹의 책임자로 활동했고, 조천중학원 교사로 일했습니다. 4·3사건이 시작된 후에는 제1연대 3·1지대장으로 활약하다가 김달삼이 월북한 후에는 사령관이 되었습니다. 1948년 10·19여순사건(제14연대 반란사건)에 고무된 이덕구는 10월 24일 남로당제주도당 구국투쟁위원회를 소련식 혁명투쟁위원회로 개편하고 각 부대마다 정치위원을 배치한 후 대한민국에 선전포고를 합니다. 대규모 습격이나 전투는 모두 그가 지휘했습니다. 그는 대한민국에 엄청난 손해를 끼치면서 기세를 올렸지만 1949년 6월 7일 경찰에게 사살되었습니다. 북한은 평양에 가본 적이 없는 이덕구에게 국기훈장 3급과 조국통일상을 추서하고 평양 신미동 애국열사 묘역에 가묘를 만들어 추모하고 있습니다.

11. 4·3사건의 폭동계획과 그 결과는?

가. 남로당 측의 4·3공산폭동 계획

남로당제주도당이 제9연대에 심어놓은 프락치 고승옥 하사관으로부터 경비대에서 마음대로 할 수 있는 200명을 동원하겠다는 보고를 받은 제주도당은 이를 주력군으로 삼아 제주읍에 있는 경찰본부인 제주경찰감찰청(현 제주경찰청)과 제1구서(제주경찰서)를 분쇄하고, 자체 양성한 인민유격대 및 자위대 400명으로 도내 24개 지서 중 14개 지서를 공격하고 경찰과 그 가족 및 우익인사를 숙청한다는 계획을 수립하였습니다. 그 내용은 다음과 같습니다.

(1) 공격일시 : 1948년 4월 3일 02:00~04:00
(2) 책임분담 : 제주경찰감찰청과 제1구서는 국방경비대가 담당 분쇄하고, 도내 14개 지서는 인민유격대와 자위대 400명으로 기습 공격한다.
(3) 제주도당 청년책임자를 경비대에 파견하여 제주경찰감찰청과 제1구서를 공격하라는 명령을 전달하고 병력수송용 차량 5대를 보낸다.
(4) 군병력 출동에 따른 연락 및 안내요원으로 학생특무원 20명을 제주읍 요소에 배치 운용한다.

나. 공격 결과

(1) 제주읍 중심지 상황 : 제9연대 병력이 동원되지 않아 제주경찰감찰청과 제1구서는 무사하였습니다.

⑵ 제주읍 중심지 이외 지역 상황 : 4월 3일 02:00부터 한라산 및 마을 인근 오름마다 봉화를 신호로 남로당인민유격대와 자위대 350명이 12개 지서를 분담하여 기습공격하고 경찰과 그 가족 및 선거관리위원과 우익인사를 학살(虐殺)했으며, 미리 통신차단을 위해 전신주를 절단하고, 지원병력 차단을 위해 도로를 파괴하거나 장애물을 설치했습니다.

⑶ 4월 3일 당일 인명피해 상황(김달삼의 제주도인민유격대투쟁보고서)

㈎ 경찰관 : 사망 10명, 부상 4명, 피랍 1명

㈏ 경찰가족 : 사망 3명

㈐ 우익인사 : 사망 4명, 부상 3명, 피랍 4명

㈑ 우익인사가족 : 사망 3명, 부상 1명

㈒ 서북청년 : 사망 7명

합계 : 사망 27명, 부상 8명, 피랍 5명 (남로당인민유격대 사망 4명)

12. 경비대 동원이 실패한 이유는?

남로당전남도당에서 제주도당에 파견한 조직지도원(오르그) 이(李) 동무가 1948년 2월 말에 약 2주 동안 육지로 나갔다가 다시 내려와 3월 15일 제주도당 회의에서, '무장반격전에 관한 지시'와 아울러 '경비대를 최대한 동원하라'는 지시를 합니다. 이는 중앙당에 가서 경비대 동원을 승인 받았음을 의미합니다. 왜냐하면 전남도당 오르그가 독단으로 지시할 수 있는 문제가 아니기 때문입니다. 이 지시에 따라 9연대 프락치 고승옥 하사관에게 병력동원 가능 숫자를 문의한 바 '800명 중 400명은 확실성이 있고, 200명은 마음대로 할 수 있으며, 반동인 장교 및 하사관 18명만 숙청하면 문제가 없으니 차량 5대만 보내 달라'고 요청합니다. 그러나 4·3 당일 9연대는 창설 중이어서 탄약을 보급 받지 못한 상태였습니다.[6]

고승옥 하사관은 연대장 몰래 병력을 동원하려면 야간을 이용하여야 하며, 야간 당직사령인 연대 참모 및 중대장급 장교의 협조가 필요하므로 장교 프락치 3중대장 문상길에게 군병력 동원계획을 보고해 협조를 구했습니다. 보고를 받은 문상길은 부대에 탄약이 없어 출동은 불가하다고 판단하였습니다.

계획은 어긋나고 상황이 다급해지자 이에 대한 응급책으로 고승옥과 문덕오 등 사병 프락치 2명은 영창에 들어가 있도록 하고 뒷수습은 문상길 중위가 맡았습니다.

남로당제주도당 청년책임자가 4·3 전날 차량 5대를 인솔하여 9연대에 갔으나 프락치 고승옥과 문덕오는 영창에 있어 만나지 못하고 문상길 중위를 만났는데 문상길은 '경비대에는 중앙 직속 장교조직이 있고, 고승옥 하사관처럼 제주도당 사병조직으로 프락치가 2중 조직이 되어 있는데 우리는 상부(남로당중앙당)의 지시를 받지 못했다'고 하면서 병력동원을 거절하였습니다.

문상길은 부대에 탄약이 없다는 사실을 차마 실토하지 못하고 상

---

6 (김익렬 유고) 제민일보 4·3취재반, 『4·3은 말한다』 제2권, (전예원, 1994), 277, 297~306쪽.

부의 명령이 없다고만 하였습니다. 결국 군병력 동원은 실패했습니다.
(전 제주4·3전문위원 나종삼)

13. 4·3사건의 기간은?

　4·3사건은 1948년 4월 3일에 시작되었습니다. 하지만 일부 사람들은 1947년 3월 1일을 4·3의 시작으로 보기도 합니다. 여기에는 3·1발포사건을 빌미로 민중항쟁론을 합리화하려는 의도가 있습니다. 3·1발포사건은 남로당에게 4·3사건을 일으키기에 좋은 구실을 제공했을 뿐 원인은 아니었습니다. 3·1발포사건 이전인 2월 20일에 '우익이라 칭하는 반동분자들을 철저히 숙청함으로써만이 우리의 승리를 기대할 수 있다'는 남로당 중앙당의 지령서를 보면 3·1발포사건이 없었다 해도 남로당은 5·10선거를 막고, 반동을 철저히 숙청한 뒤 공산주의 통일을 이루기 위해 4·3사건을 일으켰을 것입니다.
　4·3사건의 끝은 1957년 4월 2일입니다. 이날 마지막 공비인 오원권을 체포하고 총과 실탄을 압수해서 4·3을 완전히 끝냈습니다. 일각에서는 한라산 개방일인 1954년 9월 21일을 4·3사건의 끝으로 보기도 하지만 그 이후에도 토벌작전 중 경찰관 4명이 전사하였기 때문에 끝난 게 아니었습니다. 1957년 3월 27일 끝까지 저항하던 인민해방군 제5대 사령관 김성규 외 1명을 사살하고 6일 후인 4월 2일 마지막 공비 오원권을 체포하여 4·3이 끝난 것입니다.
　결론적으로 남로당은 4·3사건을 통해 대한민국 건국을 방해했고 건국한 이후에도 8년 반 이상 계속해서 대한민국을 공격했습니다. 이 것이 4·3사건을 폭동이자 반란이라 부르는 이유입니다.

14. 1947년 '3·1사건'은 어떤 사건인가?

1946년 조선공산당(뒤에 남로당)은 9월 총파업과 10·1대구폭동 등으로 격렬하게 저항했지만, 주동자는 잡히고 조직은 타격을 입었습니다. 위기에 처한 남로당은 1947년 3·1운동기념투쟁을 통해 미군정을 압박해서 결렬된 미소공동위원회를 다시 열도록 촉구하고, 구속자를 석방하도록 하며, 파괴된 조직을 점검하고, 당원을 늘리려 했습니다.

전국적으로 3월 위기설이 떠도는 가운데 남로당제주도당도 중앙의 지령에 따라 관련 단체를 정비하고 스탈린과 김일성을 명예의장으로 추대했으며, 1947년 3월 1일 불법 집회와 시위를 강행했습니다.

제주북국민학교에서 허가되지 않은 집회를 마친 군중이 거리 시위에 돌입했을 때 사건이 터졌습니다. 한 시위 참가자가 경찰서로 가려는 기마경찰의 말 뒤꽁무니를 막대기로 찔러 말이 날뛰었고 구경나온 한 어린이가 넘어졌습니다. 다행히 다치지는 않았습니다만, 기마경찰은 이를 몰랐던지 그대로 가려고 했습니다. 분노한 시위군중 200여 명이 기마경찰을 향해 돌을 던지며 '저놈 잡아라' 고함지르며 추격했고, 경찰서를 지키던 경찰은 이를 습격인 줄 알고 발포하였습니다. 이 일로 6명이 죽고 8명이 다쳤습니다.

발포사건 후 민심은 격앙되고 3·10총파업으로 이어졌습니다. 조병옥 경무부장이 내도하여 사태를 수습하고 주동자를 검거하여 사건은 일단락되었습니다만 여진도 만만치 않았습니다.

이 3·1발포사건은 불법집회 및 불법시위 중에 발생한 돌발 사건이지만 현존하는 당시 남로당 결정서와 지령서를 보면 남로당이 의도적으로 시위대와 경찰의 충돌을 유도했다고 볼 수 있습니다. 발포사건 이전에 "집회 및 시위가 불허되어도 당 독자적으로 감행한다. 우익이라 칭하는 반동분자들을 철저히 숙청함으로써… 대중의 감정을 격발시켜 전취하라. 모든 반동세력을 분쇄함으로써… 조선인민공화국 수립 만세, 김일성 장군 만세"라는 지령과 구호가 있었기 때문입니다.

15. 4·3사건은 제주도당이 독자 결행했나?

5·10선거가 다가오자, 남로당은 2·7구국투쟁을 제주도에도 지령했습니다. 2·7투쟁 지령의 연장선상에서 4·3이 발생했다고 해도 전혀 문제가 없습니다만 4·3에 대한 구체적인 상급당의 지령이 있었다는 근거도 있습니다.

가. 미군정 문서에 1948년 1월 22일 03:00 경찰이, 그리고 2월 12일 경찰과 방첩대가 남로당 아지트 회의장을 급습해서 압수한 자료들에는 다음과 같은 지시가 담겨 있었습니다.
⑴ 1948년 2월 중순부터 3월 5일 사이에 제주도 전역에서 폭동을 시작하라.

⑵ 경찰 간부와 고위 관리들을 암살하고 경찰 무기를 노획하라.
⑶ UN(한국임시)위원단과 총선거, 군정을 반대하라. 인민공화국을 수립하라.
⑷ 1948년 2월 15일부터 3월 5일까지 계속하여 소요를 일으키라.

나. 브라운 대령 보고서
⑴ 6명 정도의 훈련된 선동가와 조직가들이 남로당을 설치하기 위하여 파견되었고…
⑵ 현재까지 제주도(島)남로당의 활동은 전라남도 도당의 지시를 받고 있다. 남로당제주도위원회는 도(道)당 본부로부터 모든 지령을 받는다.

다. 김달삼의 〈제주도인민유격대투쟁보고서〉
⑴ 1948년 3월 중순 재차 내도(來島)한 전남도당 조직지도원(오르그) 이(李) 동무로부터 무장 반격전에 관한 지시를 받았고, 3월 15일경 전남도당 오르그를 중심으로 회합을 개최하여 무장 반격전을 기획·결정했습니다.
대표적인 오르그로 천검산이 있습니다. 제주도민주주의민족전선(제주도민전) 문화부장으로 3·1운동기념투쟁을 진두지휘했고 4·3을 주동하다 일본으로 도피한 김봉현은 남로당중앙당에서 파견된 천검산이 제주도당 위에서 모든 것을 결정하고 진두지휘했다고 일본 문예지에 기고했습니다.
러시아 국방성중앙문서보관소 문헌에 따르면 남로당중앙당은 1946년 12월 10일 지방조직들과 긴밀한 관계를 확립하고 이들을 지도하기 위해 각 도(道)로 대표자를 한 명씩 파견하였습니다. 중앙위원회는 또한 서울에서 교육을 받고 당의 노선을 잘 이해하고 있는 사람들을 각 도로 파견하였으며, 이러한 사실을 즉시 '쉬띄꼬프 대장 동지에게' 보고하였습니다.[7]

(2) 6명 정도의 훈련된 선동가와 조직가들이 남로당을 설치하기 위하여 파견되었고, 중앙당이나 전남도당에서 오르그를 항상 파견하여 모든 임무를 지휘·감독했기 때문에 상급당의 지령 없이 제주도당 단독으로 4·3을 일으켰다는 주장은 맞지 않습니다.

16. 〈제주도인민유격대투쟁보고서〉란 어떤 보고서인가?

이 보고서는 김달삼이 직접 1948년 8월 25일 소위 해주대회 보고용으로 작성했습니다. 1948년 3월 15일부터 7월 24일까지의 상황, 조직과 작전, 지역별 일자별 투쟁 결과, 국방경비대 9연대와의 연계 관계도 구체적으로 기록한 종합보고서입니다.

■ **주요 내용은 다음과 같습니다.**

① 9연대에 고승옥 등 4명을 프락치로 입대시킴.

---

7 러시아국방성 중앙문서보관소 문서군 172, 목록 614631, 문서철 11, 19~23쪽.

② 3월 중순쯤 전남도당 오르그 이(李) 동무로부터 무장 반격전을 지시받음.
③ 당의 조직수호와 방어의 수단으로서, 단선단정 반대 구국투쟁의 방법으로서 무장 반격전을 기획 결정함.
④ 8개 면에서 320명을 편성 군사부에 두고 무장함.
⑤ 9연대 800명 중 마음대로 할 수 있는 200명을 동원하기 위해 차량 5대를 실제 보냈고, 감찰청·경찰서와 지서를 분담해서 공격하는 계획을 수립함.
⑥ 4·3 당일 12개 지서를 공격함.
⑦ 4·3 이후 113일간 지역별 날짜별로 경찰 및 그 가족과 선거관리위원 등 우익인사를 숙청하여 사망 307명, 부상 63명, 납치 22명이라는 전과(戰果)를 올렸고, 인민유격대 피해는 사망 16명, 경상 9명으로 기록함.
⑧ 김달삼이 김익렬·오일균과 회담을 해서, 구국항쟁의 정당성, 경찰의 불법성 등에 의견일치를 보고, 김익렬로부터 사건의 평화적 해결에 적극 노력하겠다는 약속을 받아 냄.
⑨ 김익렬과 김달삼의 2차 회담 상황.
⑩ 김달삼과 문상길 접촉, 정보교환, 무기공급, 탈출병추진 합의와 성과.
⑪ 5·10선거일에 김달삼, 오일균 등 5인 회담에서 정보교환, 무기공급, 탈출병 추진, 특히 박진경 연대장 암살 등을 모의한 사실. (박진경은 1948년 5월 6일 부임)
⑫ 국방경비대로부터 탈출병과 무기 지원을 받은 실적 등.

이 보고서는 화북지서장 문창송의 작전 지휘 아래 김영주 경사 팀이 1949년 6월 7일 이덕구를 사살하고 직속 부하 양생돌이 소지하고 있던 증거물을 압수하여, 문창송의 『한라산은 알고 있다. 묻혀진 4·3의 진상』(대림인쇄사, 1995)으로 발간해서 세상에 공개되었습니다.

17. 소련이나 북한이 4·3사건을 지원했나?

소련이나 북한이 말단 남로당제주도당에 직접 4·3을 지시하거나 지원할 수는 없는 일입니다. 그렇지만 해방 직후부터 스탈린은 스티코프에게, 스티코프는 평양에 있는 레베데프를 통하여 북한과 남로당중앙당(박헌영)에게 직접 지시하고 보고 받는 체계였습니다. 남로당중앙당 역시 '철의 규율' 체제에서 지시 받은 내용을 빠짐없이 전남도당을 통하거나 직접 제주도당에 지시하고 보고받는 관계였습니다. 여기서 소련이나 북한이 남로당으로 하여금 5·10선거 반대투쟁을 지시하거나 지원하는 문제에 대하여 유의미한 사례 몇 가지를 소개합니다.

가. 소련측 기록들

(1) 스티코프 비망록(쉬띠꼬프 일기)

① 소련은 1946년 9월 총파업과 10월 대구폭동 때 박헌영에게 네 번에 걸쳐 투쟁자금을 지원했습니다. 그 내역은 9월 28일 200만 엔, 10월 1일 300만 엔, 12월 6일 39만 엔, 12월 7일 122만 루블입니다.

② 스티코프는 1946년 9월 28일 남조선 파업투쟁에 대해 다음과 같이 지시합니다.

"경제적 요구들, 임금인상, 체포된 좌익 활동가들의 석방, 미군정에 의해 폐간된 좌익신문들의 복간, 공산당 지도자들에 대한 체포령 철회 등의 요구들이 완전히 받아들여질 때까지 파업투쟁을 계속한다."

이 지령은 다음 해 제주읍 3·1운동기념투쟁 때 그대로 등장하여, "민주주의적 애국투사를 즉시 석방하라, 최고지도자 박헌영 선생 체포령을 즉시 철회하라, 동일노동에 동일임금을 주라, 최저임금제를 즉시 실시하라"는 구호가 나오고 김일성 장군 만세도 불렀습니다.

③ 1946년 10월 1일자, 평양 주재 소련점령군 사령부 민정사령관 로마넨코는 스티코프에게, 집회 개최와 남조선 인민을 지원하기 위해 매일 2시간씩 노동시간을 늘려 그 임금액을 남조선 지원기금으로 공제하는 것을 허락해 줄 것을 요청하고 있다고 보고합니다. 뒤에 설명하겠지만 이 요청은 받아들여졌고 김일성은 남로당에 자금을 지원했습니다.

④ 1946년 10월 21일자, 박헌영은 스티코프를 만나 '파업투쟁은 폭동으로 성장·전화했다. 산으로 들어간 사람들에게는 식량과 탄약이 부족하다'. 그들의 향후 투쟁방침에 대해 교시를 내려줄 것을 요청하였고 가까운 시일에 농민들의 투쟁이 개시될 수 있다고 보고했습니다. 이처럼 박헌영은 모든 행동을 스티코프에게 보고하고 그 지시대로 투쟁했음을 알 수 있습니다.

(2) 스탈린의 지령

1948년 4월 12일자 스탈린이 직접 사인(sign)하고 레베데프를 경유하여 전달된 '김일성 동무에게 보내는 조언'이라는 문건에 의하면, '남북조선정당·사회단체대표자연석회의 소회의에서 … 남조선 단독선거를 보이코트하게 한다.'라고 지령하였습니다.[8]

(3) 레베데프 비망록

① 1948년 1월 21일자, 스티코프는 레베데프에게 민주주의민족전선으로 하여금 (5·10)선거에 반대할 것을 지시하였습니다.
② 1948년 3월 24일자, 레베데프는 김일성에게 남한의 총선을 파탄시키기 위한 투쟁위원회를 결성하도록 지시하였습니다.

나. 미군정 문서

(1) 일반적으로 공산주의 활동에 관한 지령은 평양에서 내려집니다. 그 지령들은 북한 해주에 있는 남로당 본부로 보내지고, 매일 38선을 오가는 공산당 요원이나 잠입자를 통해서 해주로부터 남한으로 전해집니다. 그래서 1948년 2·7투쟁 때 제주도 남로당원들이 시위하면서 소련국가를 불렀고, 지하선거나 인공기 게양투쟁 지령이 제주도까지 내려온 것입니다.
(2) 평양 라디오는 남한의 단독선거를 반대하는 대중집회를 지지하는 방송을 했습니다. 앞에서 설명한 바와 같이 이 방송에서 '북한이

---

8 러시아국립사회정치사문서보관소 문서군 17, 목록3, 문서철 1070, 11쪽.

보낸 성금은 남한의 인민에 대한 북조선 인민의 피가 끓는 형제적 지지'라고 했습니다.

(3) 1947년 4월 11일부터 23일까지 심문받은 한 여간첩은 국제공산당이 북한에 2곳의 간첩학교를 운영하고 있으며 이들 학교의 일부 졸업생들이 제주도에 공산 테러훈련소를 세웠다고 밝혔습니다.

18. 4·3사건의 인명피해는?

한라산을 근거지로 활동하는 남로당 게릴라를 진압하는 것은 매우 어려웠습니다. 제주경찰만으로 게릴라를 소탕하기 어려워지자 지원세력으로 응원경찰과 서북청년이 나섰고, 나중에 사태가 더 심각해지자 군 병력까지 투입되었습니다.

4·3사건을 진압해야 할 이유는 분명했습니다. 나라를 새로 세우고 사회의 질서를 확립하며 국민을 안전하게 지키기 위해서 공산폭동 반란으로 무고한 제주도민들이 학살당하는 4·3사태를 그냥 두고 볼 수는 없었습니다. 하지만 진압과정에서도 무고한 제주도민이 억울하게 희생되었습니다. 이는 매우 애석하고 안타까운 일입니다. 그러나 진압하는 과정에서 발생한 일반인 피해에만 초점을 맞추는 것은 주의해야 합니다. 사건의 원인을 배제하고 논리를 펴게 되기 때문입니다.

4·3사건에서 3만 명이 희생됐다는 주장은 당시 좌익신문, 북한 언론, 남로당중앙위원 이승엽과 이기석, 스티코프가 스탈린에 보고한 문서, 4·3정부보고서, 문재인 대통령의 추념사, 좌파 단체, 학자 및 교

사, 언론인, 강사 등 수없이 많습니다. 하지만, 2024년 1월 11일 제주 4·3위원회 제33차 회의에서 결정된 희생자 최종 통계는 아래 표와 같습니다.

합계(명)	사망자	행불자	후유장애자	수형인
14,822	10,589	3,702	213	318

북한이나 남로당 그리고 좌파들이 주장하는 인명피해자 3만 명설은 너무 과장되었습니다. 4·19 이후부터 조사한 자료가 축적되었고, 4·3특별법에 의한 8차 신고에 이르기까지 장구한 세월 동안 행정력을 총동원하여 조사하고 신고를 받았습니다. 심사와 결정과정에서 제주도4·3실무위원회나 4·3중앙위원회 위원 구성이 좌편향되었으며 그나마 그들의 무지(無知)와 여러 요인 등으로 인해 심사가 소홀하였습니다. 그 결과로 헌법재판소가 결정한 부적격자까지 희생자로 다수 포함되었습니다. 2007년도 4·3특별법이 개정되어 수형인이 포함되는 등 희생자 수가 증가하게 되었고, 발표된 통계도 왜곡되었습니다. 예를 들면 일반재판 수형인을 제외하고라도 군법회의 수형인만 2,530명인데 위 통계에서 보는 바와 같이 318명으로 축소하였습니다. 아마도 나머지는 사망자와 행방불명자에 포함시켜 은폐한 것으로 보이나 의문을 제기하는 사람은 아무도 없습니다. 희생자로 결정된 자 중 부적격자는 반드시 재심사하여 시정해야 합니다.

브라운 대령 보고서에 의하면, 폭도부대에 소속된 정치지도원들도 끊임없이 남로당의 목적을 강조하며 특히 마을을 습격하기에 앞서 "어떤 특정 마을에 있는 모든 인민은 가치가 없어 죽어 마땅하고 조선인민공화국의 반역자"라는 말을 확고한 진실로 받아들일 것을 대원들에게 강요하였습니다. 이런 자를 심사에서 찾아내 희생자에서 제외시켜야 합니다. 실제로 구좌면 세화리, 표선면 성읍리, 남원면 남원리와 위미리는 남로당이 지목한 대표적 공격대상 마을로서 피해가 컸습니다.

그리고 이제는 4·3의 책임을 져야 할 남로당의 잘못을 인정하여 4·3문제를 깨끗이 정리하는 일만 남았습니다. 그러나 온갖 만행을 저지르면서 대한민국 건국을 방해하고 9년간 저항했으며 북한 정권 출범에 적극 앞장섰던 남로당은 역사의 기록이나 논의의 장에서 완전히 사라지고 있습니다. 4·3역사의 진실을 밝혀 대한민국의 정체성을 바로 세워야 합니다.

19. 군·경·우익단체원 피해는?

대한민국 건국은 험난했습니다. 1945년 8월 15일 해방된 이후부터 1950년 6월 24일 6·25남침전쟁 전날까지 군·경 전사자 통계는 아래 표와 같습니다.

합계(명)	육군	해군	해병대	경찰
8,824	7,459	25	8	1,332

제주4·3사건 때 전사한 군·경·우익단체원(대동청년단, 서북청년회, 대한청년단, 향보단, 민보단 등) 희생자 수는 아래 표와 같습니다.

합계(명)	군인	경찰	우익단체원
979	160	179	640

이들의 희생 위에 대한민국이 있습니다. 남로당의 폭동·반란과 6·25를 극복하면서 우리는 살아남았고 발전하여 세계인이 인정하는 자랑스러운 나라가 되었다는 점을 잊지 말아야 합니다.

또 남북한이 분단된 후 79년이 지나는 동안 남한과 북한 사이에 엄청난 국력 차이가 생긴 이유는 오로지 이념과 체제 선택의 문제에서 비롯되었다는 점을 꼭 기억해야 합니다.

20. 남로당에 합세한 군·경은 없었나?

해방 후 대한민국을 건국하는 과정에서 현역군인이나 현직경찰이 남로당의 선전·선동에 현혹되거나 공작에 포섭된 경우는 많았습니다.

가. 1947년 3·1발포사건 이후 3·10총파업에 경찰관들이 직장을 무단이탈하거나 집단 사표를 제출했습니다. 관련 경찰관 66명을 파면했고 이 중 일부가 입산해 남로당에 합세하였습니다.
나. 1948년 11월 1일 남로당제주도당의 제주도적화음모사건에 연루된 경찰 프락치 11명이 있었습니다.
다. 김달삼의 〈제주도인민유격대투쟁보고서〉에 의하면
  (1) 1948년 5월 20일 9연대에 침투한 남로당 프락치 문상길 중위의 지시로 장병 41명이 총과 실탄을 가지고 탈영하여

남로당에 합류했습니다.
  (2) 군인 탈영병은 모두 75명이며, 경찰관은 1948년 5월 15일 함덕지서 1명, 그 뒷날 조천지서 3명이 총과 실탄을 가지고 인민군에 투항 편입하였다고 기록하였습니다.
 라. 미군정 보고서에 의하면, 1949년 10월 2일 제주비행장 인근 해안가에서 대통령의 재가를 받고 사형이 집행된 249명 중 게릴라에 합류했던 장교 1명, 하사관 5명, 사병 15명이 포함되어 있습니다.

 이처럼 남로당이 군·경 내부에 깊숙이 심어 놓은 자들로부터 무기탄약이 제공되고 작전기밀이 누설되어 피해는 커지고 진압은 매우 어려웠습니다. 지금도 내부의 위협요인을 없애야만 국가의 안보를 확립할 수 있습니다.

21. 4·3수형인 재판은 어떻게 됐나?

 4·3사건 관련자 재판은 군법회의와 일반재판이 있습니다.
 군법회의는 군사법원의 옛 이름으로 1948년 12월과 1949년 7월 두 차례 열렸습니다. 재판 결과 유죄판결을 받고 형무소(교도소)에 간 수형인은 모두 2,530명(사형 384명, 무기징역 305명, 유기징역 1,841명)입니다. 2021년 제주4·3특별법이 개정되어 광주고등검찰청 소속 제주4·3사건직권재심권고합동수행단이 제주지방법원에 일괄 직권재심을 청구하고, 일부 사람들은 개별적으로 재심을 청구하였습니다. 신원 미상자 84명을 제외하고 2024년 이내에 거의 무죄선고를 받을 전망입니다. 무기징역을 받은 한 수형인은 2019년 첫 재심에서 무죄선고를 받고 형사보상금 14억 7천만 원을 받았습니다.

1947년 3·1운동기념투쟁을 주도한 자 등에 대한 일반재판 수형인들도 개별적 재심이나 직권재심을 통하여 무죄선고를 받고 거액의 형사보상금을 요구하고 있습니다.

억울한 사람은 당연히 무죄를 받아야 합니다. 그러나 이들 전부는 아니다라는 점은 확실합니다. 더구나 본인 또는 유족들의 일방적 진술에 근거하여 판결하는 것은 아닌지 의문을 가지고 재판을 바라보는 사람들이 많습니다. 역사적 사실은 그 시대를 살던 사람들의 수준과 시대적 상황을 헤아려 판단하려는 노력 없이 지금의 잣대로 재단하는 것은 문제가 있습니다. 예를 들어 대통령의 재가를 받고 사형이 집행되었다면 지금의 사법절차 진행이나 희생자 심사 과정에서 신중할 필요가 있다고 생각합니다.

남로당의 반(反)대한민국적 행위로 인한 피해는 분명 존재합니다. 각종 자료에 나온 4·3 주동자들, 김봉현이 실토한 3,000명, 브라운 대령 보고서에 나온 6명의 선동 및 조직전문가에 동조한 500~700명, 4,000명의 장교와 사병, 4·3정부보고서에 나온 500명, 군경에 대항하여 교전 중 사망한 자, 남로당끼리 싸우다 사망한 자, 특히 헌법재판소가 결정한 희생자 제외 대상자 등에 대해서는 대한민국이 추모나 보상할 의무도 없고 해서도 안 됩니다. 또 이들은 공산통일 혁명전사들이기에 대한민국보다 북한으로부터 추모와 보상받는 것을 원할 것입니다.

이럼에도 불구하고 4·3주동자들에 대한 거액의 보상과 함께 완전히 신분 세탁이 되고 있는 현실은 충성과 반역이 뒤섞이는 일이고 대한민국의 정체성과 정통성을 뒤집는 현상입니다.

22. 제주4·3평화공원에 모셔진 위패는 모두 적격자인가?

제주4·3사건에서 희생자로 인정되어 봉안실에 모셔진 위패 중에는 실제로 희생자로 볼 수 없는 부적격자가 너무나 많습니다. 심지어, 북한 인민군들도 포함되어 있습니다.

4·3을 주동한 남로당제주도당 및 제주읍특별위원회 간부, 인민해방군 및 구국투쟁위원회와 혁명투쟁위원회 간부, 2연대 앨범에 수록된 자, 탈영 입산 군인, 군·경 프락치, 『4·3은 말한다』 및 『미군점령기의 제주도인민들의 반제투쟁』과 『4·3장정』이나 『이제사 말햄수다』, 미군정 보고서, 기타 경찰 기록, 해외 도피자, 희생자 중 부적격자라고 지적하여 당국에 진정한 사람 등 핵심들은 희생자에서 마땅히 제외해야 합니다.

이들은 4·3사건의 원인을 제공한 자들로 역사적으로 비판받아야 할 대상자이며, 4·3가해자이지 4·3희생자가 아닙니다. 그럼에도 전부 희생자로 둔갑해 명예 회복을 뛰어넘어 국민 혈세로 거액의 보상금과 각종 혜택을 받고 있습니다. 여기서, 4·3희생자에 대한 보상금 재원을 부담하는 사람은 당시 살았던 사람들도 아니고 지금 사는 세대

들이 내는 국민의 혈세입니다. 4·3주동자들을 철저히 가려내서 제외하고, 무고한 희생자에게만 보상이 이루어질 때 국민들은 진심으로 동의할 것입니다. 그렇지 않을 경우 납세자와 제주도 이외의 지역 국민들이 4·3희생자와 제주도민을 바라보는 시선이 과연 어떨까? 필자는 솔직히 이 점이 두렵습니다. 따라서 4·3업무를 담당하는 모든 공무원과 관계인들은 자신의 판단과 결정이 역사에 일일이 기록된다는 인식을 가지고 곰곰이 생각해서 업무를 신중히 처리해 주길 간곡히 촉구하고 기대합니다.

이 세상 어디에도 반란을 주도한 자들에게 거액의 보상금을 주는 나라는 없습니다.

23. 4·3정부보고서를 새로 써야 하는 이유는?

2000년 1월 12일 김대중 대통령이 '제주4·3사건진상규명및희생자명예회복에관한특별법'(제주4·3특별법)을 공포했습니다. 그 다음 해 1월 17일에는 보고서작성기획단이 발족했습니다. 이한동 국무총리는 국사편찬위원회 근현대사실장 이상근을 단장으로 결재했는데 갑자기 박원순으로 바뀌면서 일이 어긋나기 시작했습니다.

2003년 3월 29일에 보고서 초안이 나오고 6개월 동안 수정 의견을 받았지만 요식 행위에 불과했습니다. 이 과정에서 제주4·3위원회 위원 중 우파 측 네 명이 사퇴했습니다. 결국 2003년 10월 15일에 보고서가 확정되어 「제주4·3사건진상조사보고서」(4·3정부보고서)가 나

왔습니다. 4·3정부보고서는 사건의 원인보다 군·경의 과잉 진압에만 초점을 맞췄고, 역사적 안목이 아닌 단순히 가해자와 피해자로 편 가르는 방식으로 쓰여 국민 분열을 조장하는 보고서가 되었습니다.

■ **4·3정부보고서는 반드시 기록해야 할 중요한 다음 내용을 빠뜨렸습니다.**

① 4·3의 성격
② 남로당과 김달삼에 대한 역사적 평가
③ 군 주요 작전
④ 군 프락치사건
⑤ 제주도적화음모사건(경찰 프락치사건)
⑥ 이덕구 선전포고 등

그리고 다음과 같은 문제도 있습니다.
⑦ 김익렬·김달삼 회담과 오라리 방화사건을 심하게 왜곡했습니다.
⑧ 다랑쉬굴 사건을 심하게 왜곡했습니다.
⑨ 인명 피해를 과장했습니다.
⑩ 적법한 계엄령에 대해 불법 시비를 길게 하였습니다.
⑪ 자료를 편향적으로 선택했습니다. 특히『쉬띄꼬프 일기』와 『레베데프 비망록』, 김익렬의 매일신문 기고문인 〈동족의 피로 물들인 제주참전기〉 등은 철저히 묵살했고, 김달삼이 쓴 〈제주도인민유격대투쟁보고서〉 중 좌파에 불리한 것은 인용하지 않았습니다.

4·3정부보고서는 작성 주체가 개인이나 단체가 아니고 정부(국무총리)입니다. 현 정부도 1948년 건국된 대한민국 정부의 후계체입니다. 따라서 보고서도 대한민국 정부 기조 아래 쓰여야 합니다. 먼저 진상을 규명하고 난 뒤 부차적으로 발생한 인권침해 사항들을 사실대로 서술해야 합니다.

즉, 정부보고서는 북한이나 남로당이 아닌 대한민국 정부의 관점에서 작성해야 하고, 사실을 정확히 기록하면서도 국민을 하나로 모으는 방향으로 쓰여야 합니다.

그리고 정치가 역사 문제에 간섭하는 일은 없어야 합니다.

24. 제주4·3평화공원 영상·전시물은 올바른가?

대검찰청 수사국이 발행한 11권의 『좌익사건 실록』에 따르면 9월 총파업이나 4·3사건을 각각 한 건으로 계산해도 남로당은 모두 977건의 폭동을 일으켰습니다. 이러한 방해에도 불구하고 5·10선거 때 198명의 제헌의원을 선출하여 대한민국은 건국되었고 눈부신 발전을 했습니다.

제주4·3평화공원 영상물이나 전시물에는 이런 긍정적 내용은 볼 수 없습니다. 남로당이나 4·3주동자들에 대한 준엄한 역사적 비판은 찾을 수 없고 4·3을 진압하는 과정에서 발생한 인명피해에 초점을 맞춰 대한민국은 마치 태어나서는 안 될 나라, 원한과 증오의 대상인 나라로 묘사되어 있습니다. 몇 년 전 비전향 장기수들이 이 기념관을 관람하고 감탄했으니 어느 정도 좌편향적인지 알 수 있습니다.

최근 제주4·3평화공원 전시실 초입에 있는 백비(白碑, 無字碑)에 4·3사건의 이름을 새기려고 추진하는 움직임이 있는데, 제주4·3민중항쟁이라고 새기려는 것은 아닌지 의심이 갑니다.

25. 화해·상생을 위해선 어떻게 해야 되나?

진정한 화해와 상생을 위해서는 제일 먼저 선입견을 버리고 확증편향에서 벗어나 객관적인 사실을 기반으로 4·3사건을 대한민국 국민의 관점에서 바라보는 게 중요합니다.

남로당의 관점이 아닌 대한민국 입장에서 대한민국 건국의 정당성과 군·경이 4·3사건을 진압하지 않으면 안 될 불가피성과 당위성을 인정해야 합니다. 남로당은 대한민국의 건국과 발전에 이바지한 바가 조금도 없습니다. 오히려 공산주의와 소련을 지지하고 북한 정권 출범과 공산주의 통일을 위해 앞장섰습니다. 군·경은 대한민국을 건국하는데 초석이 되었고, 27만여 명의 선량한 제주도민을 지켜냈으며 김일성의 공산 통치를 막았습니다. 4·3사건이 진압되지 않았다면 6·25전쟁 때 국군훈련소를 둘 곳이 없어서 대한민국은 큰 위험에 처했을 것입니다.

4·3 당시 조천리에 살던 1936년생 이월색 여인의 증언에 따르면 가족이 남로당에 협조하지 않는다는 이유로 1948년 11월 10일 아버지,

어머니, 숙부, 동생 9세, 7세, 4세, 3세, 2세 등 8명이 한꺼번에 몰살당했습니다. 당시 13세였던 본인도 돼지우리 속에 숨었지만 발각되어 창에 여러 번 찔렸으나 죽은 줄 알고 그들이 떠나는 바람에 구사일생으로 살아났습니다.

남원리에 거주하는 1916년생 정남국(일명 정남휴)은 민보단에 가입했다는 이유로 1948년 11월 28일 임신 6개월 된 부인, 자식 10세, 8세, 6세, 누이동생 25세, 그의 자녀 3세, 2세, 1세, 둘째 누이동생 17세, 집에 같이 살던 외가 쪽 친척 아이 15세 등 10명이 한꺼번에 몰살당했습니다.

4·3사건 당일 애월면 구엄리에 사는 문숙자 14세와 문정자 10세 자매가 무참히 살해되었고, 구엄리 대동청년단장 문기찬은 눈에 곡괭이가 박힌 참혹한 상태로 발견되었습니다. 독립운동가 이도종 목사를 생매장하기도 했습니다. 이는 4·3을 민중항쟁이라고 주장할 수 없는 증거들입니다. 이런 사건들은 한둘이 아니지만, 종종 민중항쟁이나 화해라는 이름 아래 묻혀버리곤 합니다. 반면에 진압군경의 잘못은 교육이나 강연, 언론, 발표회 등을 통해 반복해서 확대 선전되고 있습니다. 그래서 남로당의 공산통일투쟁과 만행은 사라지고 마치 정의의 사도나 항쟁 주역으로 미화되는 반면, 자유민주주의 대한민국 건국유공자와 호국세력들은 민중항쟁을 탄압한 반통일 세력으로 매도당하고 있습니다. 남로당제주도당이 5·10선거 선거관리위원 등 선량한 제주도민 1,764명을 살해한 행위(4·3정부보고서, 371쪽)가 어찌 민중항쟁이 될 수 있습니까? 남로당의 제주4·3 만행은 정당하다고 주장할 수 없습니다.

거듭 말하지만 화해와 상생을 위해서는 역사 앞에 진솔하고 겸허해야 합니다. 남로당은 4·3의 원인 제공자로서 사실에 근거하여 인정할 것은 인정하고 사죄를 해야 합니다. 화해와 상생을 내세워 역사의 진실을 감추는 것은 정의가 아니며, 폭동 반란의 소용돌이 속에서 억울한 일을 당하신 4·3 희생자의 영전에 부끄러운 일입니다. 늦었지만 용기를 내어 거짓의 멍에를 끊어내고 역사의 사실관계를 바로잡아야 합니다.

26. 결론적으로, 제주4·3사건은?

남로당(조선공산당의 후신)이 한반도 공산통일혁명이라는 불변의 전략 아래

① 1946년 1월 신탁통치 반대에서 찬성으로 돌변하면서부터 3·1절, 8·15 등 기회가 있을 때마다 선전선동으로 군중을 동원하고, 동원된 군중을 격동시키기 위해 발포사건 등을 유도하고
② 민전·청년동맹·부녀동맹·노조·농민위원회 등의 산하 조직을 강화하고
③ 정예요원을 선발하여 자위대와 인민해방군(인민유격대)을 조직하고 무장한 후 4·3폭동과 같은 게릴라전을 전개하고
④ 종국에는 6·25전쟁과 같은 정규전이 발발하자 인민군지원환영회를 조직하여 북한군과 합세 대한민국 정부를 전복하려는

전형적인 공산혁명전쟁의 하나였습니다.

이와 같이 만 9년 동안 지속된 남로당의 공산혁명전략은 어렵게 진압되었으며 그 과정에 시행착오도 있었지만 자유민주주의 대한민국은 건국되었고 눈부신 발전을 성취했습니다. 반면 공산통일을 추구한 남로당은 오늘날 북한 현실이 증명하듯 3대 세습 독재체제 아래 인권은 유린되고 300만 명이 굶어죽는 지경에 이르렀습니다. 여기서 우리는 대한민국 건국과정에서 역경을 극복해 낸 교훈을 바탕으로 역사적으로 누가 옳았고 누가 틀렸는지 준엄한 평가가 있어야 한다고 생각합니다.

[부록]

대한민국 건국절 논쟁

김영중

1. 글을 시작하며

 2016년 8월 15일 박근혜 대통령은 광복절 경축사 서두에 "오늘은 제71주년 광복절이자 건국 68주년을 맞이하는 역사적인 날입니다."라고 했습니다.

 이에 대하여 문재인 당시 더불어민주당 대표는 이날 자신의 페이스북에 "대한민국이 1948년 8월 15일 건립됐으므로 그 날을 건국절로 기념해야 된다고 주장하는 사람들이 있습니다. 역사를 왜곡하고 헌법을 부정하는 반역사적, 반헌법적 주장입니다. 대한민국의 정통성을 스스로 부정하는 얼빠진 주장입니다."라는 글을 올려, 대통령의 경축사를 비판했고, 덩달아 정치계, 언론계, 학계에서 이에 대한 논쟁이 분분해졌습니다.

 특히 이 논쟁은 국정 역사교과서 지정 문제와 결부되면서 더욱 증폭되기도 했습니다. 그 이유는 대한민국 생일인 건국절을 1919년 4월 11일 상해임시정부 수립일9로 하느냐 아니면 1948년 8월 15일로 하느

---

9 상해임시정부 수립과정은 1919년 4월 10일 상해에서 임시의정원을 개원하고, 4월 11일 임시의정원 1차 회의에서 국호를 대한민국으로 정하였으며, 최초의 민주공화제에 따른 선언문과 임시정부 헌법인 임시헌장 10개조를 제정 발표하였고, 임시정부 행정부인 국무원을 선출하였으며, 4월 13일 임시정부 수립을 내외에 선포하였다. 정부는 지금까지 4월 13일을 임정 수립일로 기념해 왔으나 2019년부터 4월 13일보다 2일 빠른 11일로 변경 기념하기로 결정했다. 조선일보 2018. 4. 14. A11면.

냐에 대한 이견 때문입니다. 대한민국은 경제적 성장뿐 아니라 정치적으로도 자유와 인권이 보장되는 자유민주주의 국가로서 민주화를 이룩한 위대하고 자랑스러운 나라임에도 불구하고 지금까지 생일이 없는 유일한 나라입니다.

2. 상해임시정부 수립일[10]을 건국일로 규정했을 경우의 문제

가. 대한민국 상해임시정부 건국강령에 명시된 건국 개념과의 충돌

양동안 교수는 임시정부가 건국을 미래의 과제로 설정하고 있음을 다음과 같이 말하고 있습니다.

'중국에서 활동하던 대한민국 임시정부는 1941년 11월 28일 건국강령을 발표했다. 건국강령은 향후 건국과정에서 임시정부가 실천해야 할 중요한 정책 대강을 천명한 문서이다. 이 건국강령은 임시정부의 활동 시기를, 외국에서 독립운동을 하는 시기를 복국기(復國期)로, 조국의 영토에 들어가서 활동하는 시기를 건국기(建國期)로 규정하고, 건국강령 발표 당시 임시정부의 활동은 복국기 활동으로 정의했다.'[11]

---

10 임시정부는 1919년 3월 17일 블라디보스토크에서 대한국민의회를, 4월 13일 상해에서 대한민국 임시정부를, 4월 23일 한성(서울)에서 한성임시정부를 각각 수립했다. 3개 임시정부가 9월 11일 상해 대한민국임시정부로 통합하고 초대 대통령에 이승만, 국무총리에 이동휘를 선출했다.

11 양동안, 『대한민국 '건국일'과 '광복절' 고찰』, (백년동안, 2016), 57쪽.

대한민국 건국강령

第2章 復國(제2장 복국)

1) 선포독립하고 국호를 일정히 하여 행사하고 임시정부와 임시의정원을 세우고 臨時約法(임시약법)과 기타 법규를 頒布(반포)하고 인민의 납세와 병역의 의무를 행하며 軍力(군력)과 외교와 黨務(당무)와 인심이 서로 융합하여 적에 대한 혈전을 정부로서 維續(유속)하는 과정을 復國의 第1期(제1기)라 할 것임

2) 일부 국토를 회복하고 黨·政·軍(당·정·군)의 기구가 국내에 轉尊(전존)하여 국제적 지위를 본질적으로 취득함에 충족한 조건이 성숙할 때를 復國의 第2期라 할 것임

3) 적의 세력이 포위된 국토의 浮虜(부로)된 인민과 侵占(침점)된 정치경제와 말살된 교육과 문화 등을 완전히 탈환하고 평등지위와 자유의지로써 각국 정부와 조약을 체결할 때를 復國의 완성기라 할 것임

第3章 建國(제3장 건국)

1) 적의 일절 통치기구를 국내에서 완전히 박멸하고 國都(국도)를 奠定(전정)하고 중앙정부와 중앙의회의 정식 활동으로 주권행사하며 선거와 입법과 任官(임관)과 군사와 외교와 경제 등에 관한 국가의 政令(정령)이 자유로이 행사되어 三均制度(삼균제도)의 강령과 정책을 국내에 진행하여 시작하는 과정을 건국의 제1기라 함

2) 三均制度를 골자로 한 헌법을 실행하여 정치와 경제와 교육의

민주적 실시로 실제상 균형을 도모하며 전국의 토지와 대생산 기관의 국유가 완성되고 전국 학령아동의 全數(전수)가 고급 교육의 免費受學(면비수학)이 완성되고 보통선거 제도가 구속 없이 완전히 실시되어 全國 各里·洞·村(전국 각리·동·촌)과 邑·面(읍·면)과 島·郡·府(도·군·부)와 道(도)의 자치조직 행정조직과 민중단체와 민중 조직이 완비되어 三均制度와 배합 실시되고 경향 각층의 극빈계급의 물질과 정신상 생활정도와 문화수준이 최고 보장되는 과정을 건국의 第2期라 함

3) 건국에 관한 일절 기초적 시설 즉 군사, 교육, 행정, 생산, 위생, 경찰, 농공상, 외교 등 방면의 건설기구와 성적이 예정계획의 과반이 성취될 때를 건국의 완성기라 함.[12]

위의 대한민국 건국강령은 제1장 총칙, 제2장 복국, 제3장 건국 등 총 3장으로 구성되어 있으며, 상해임시정부 김구 주석이 1945년 11월 23일 환국하고 1개월 보름 후인 1946년 1월 8일 국내에서 다시 발표했습니다.[13]

이때까지도 임시정부 스스로 건국 이전 준비 단계인 복국기로 규정하였음을 재확인할 수 있습니다.

---

12 이중근, 『광복 1775일』, (우정문고, 2015), 2권 37~38쪽 (상권 284~285쪽).
 (『광복 1775일』은 1~10권으로 된 소책자와 상·중·하로 된 대책자 등 2종류가 있다)
 ( )는 필자주이며, 대한민국 건국강령 全文은 이중근, 『광복 1775일』, (우정문고, 2015), 2권 35~40쪽(상권 283~287쪽)에 게재되어 있다.
13 이중근, 『광복 1775일』, (우정문고, 2015), 2권 35쪽(상권 283쪽).

나. 상해임시정부 요인 등의 성명 및 담화 내용과의 상충

(1) 김구 임시정부 주석의 성명문 등

① 1945년 9월 3일 김구 대한민국임시정부 국무위원회 주석은 임시정부의 당면정책과 국내외 동포에게 고하는 성명을 발표했습니다. 이때 제시한 임시정부 당면 정책 14개 중 일부는 다음과 같습니다.

> 6) … 普選(보선)에 의한 정식정권이 수립되기까지의 국내과도정권을 수립하기 위하여 국내외 각층 각 혁명당파, 각 종교집단, 각 지방대표와 저명한 각 민주영수회의를 소집하도록 적극 노력할 것.
> 7) 국내과도정권이 수립된 즉시 본 정부의 임무는 완료된 것으로 認(인)하고…
> 8) 국내에서 건립된 정식정권은 반드시 독립국가, 민주정부, 균등사회를 원칙으로 한 신헌장에 의하여 조직할 것.
> 9) 국내의 과도정권이 성립하기 전에는 국내 一切(일체) 질서와 대외 一切(일체) 관계를 본정부가 負責(부책) 유지할 것.[14]

이 임시정부 당면정책에서 말하는 정식정권 수립은 독립국가 건국을 의미하는 것으로써, 정식정권 수립(건국)을 위해 우

---

[14] 이중근, 『광복 1775일』, (우정문고, 2015), 1권 183쪽(상권 151쪽).

선적으로 국내과도정권 수립을 위해 노력하겠다고 천명하여 건국 이전 과도기적 단계임을 밝히고 있습니다. 특히 국내에 건립될 정식정권은 반드시 신헌장에 의해 조직할 것이라는 당면정책 제8항대로 1948년 7월 17일 신헌장(헌법)을 공포했고, 그 헌법에 의해 8월 15일 대한민국을 건국한 것입니다.

② 1945년 10월 20일 재중경(충칭) 한국임시정부 대변인이 임정의 환국 등 당면 제 문제에 대해 언명한 바에 따르면 '임시정부는 본국 귀국 후 총선거로써 정식정부가 수립될 때까지 우선 전정당, 종교단체, 직업단체, 저명혁명가대표자를 망라하여 잠정적 내각을 조직한다'[15]고 하여 정식정부가 수립(독립된 국가 건국)될 때까지 잠정내각을 조직하겠다는 계획을 발표했습니다. 이 또한 건국 이전 과도기적 단계임을 뜻합니다.

③ 1945년 11월 24일(환국한 뒷날) 김구 임시정부 주석은 경성(서울)방송국을 통하여 "앞으로는 여러분과 같이 우리의 독립 완성을 위하여 진력하겠습니다."[16]라고 귀국인사 방송을 했습니다. 이때까지는 독립의 미완성 단계 즉 건국 이전 단계로 보고 있다는 것을 의미합니다.

---

15 이중근, 『광복 1775일』, (우정문고, 2015), 1권 94~96쪽(상권 88~89쪽).
16 이중근, 『광복 1775일』, (우정문고, 2015), 1권 234쪽(상권 188쪽).

④ "김구 임시정부 주석은 1947년 3월 서울 원효로에 건국을 위해 일할 인재들을 양성하기 위해 '건국실천원양성소'를 설립했다. … 김구 주석이 건국실천원양성소를 1947년에 설립했다는 것은 그때까지도 건국이 이뤄지지 않았다(따라서 1919년에 건국되지 않았다)고 생각하고 있었음을 시사한다."[17]

(2) 김규식 임시정부 부주석의 초청장

"김규식 박사는 1946년 12월 자신이 의장으로 있는 남조선과도입법의원 창설기념식 참석 초청장을 보내면서 당시 정치 활동가들을 '건국도상에 다망하신' 분들이라 표현했다."[18]

(3) 임정요인들의 기념 휘호(揮毫)

1945년 11월 4일 중국 중경에서 김구 주석을 비롯한 임정요인들이 환국을 앞두고 여럿이 함께 남긴 기념 휘호에서도 법무부장 최동오는 평화건국(平和建國), 문화부장 김상덕은 단결건국(團結建國), 국무위원 황학수는 건국필성(建國必成)이라는 글을 남겼고 여기에는 "광복된 조국의 미래에 대한 기대와 열망을 담은 '건국(建國)'… 등의 단어가 많이 들어가 있습니다."[19] 임정요인들의 환국 시점에서 앞으로 꼭 이룩할 목표가 건국임을 다짐한 휘호라 하겠습니다. 이처럼 김구나 임정요인들도 상해임시정부를 건국이라고 주장하지 않았습니다.

---

17 양동안, 「대한민국 '건국일'과 '광복절' 고찰」, (백년동안, 2016), 60쪽.
18 양동안, 「대한민국 '건국일'과 '광복절' 고찰」, (백년동안, 2016), 60~61쪽.
19 조선일보 2017. 7. 3. A23면, 조선일보 2018. 1. 4. A21면.

(4) 온건 좌익정당인 사회당 당수 조소앙의 성명

임정 지도부의 한 사람이었고 1948년 4월 평양 남북협상에 참여했던 조소앙이 이끄는 사회당의 1949년 8·15 성명에도 '8·15 이날은 … 우리 민족 해방 4주년 기념이요, 우리 대한민국 독립 1주년 기념이다. … 독립 1주년 기념일인 8·15를 맞이하는 우리는 …'[20]이라고 했습니다.

(5) 기타

① 민주국민당 당수 김성수 담화

1949년 8월 15일 민주국민당 당수 김성수는 담화에서 "금 8월 15일은 일제로부터 해방한 지 만 4주년이 되고, 대한민국의 독립을 세계에 선포한 지 1주년이 된다."[21]라고 말했습니다.

② 신생회 대표 안재홍 담화

1949년 8월 15일 담화 내용입니다.

"중도파 단체인 신생회 대표 안재홍은 대한민국 건국에 불참했음에도 불구하고, … 대한민국은 진정한 민주주의 민족통일 독립국가의 기업(基業)으로서 그 강화완성이 요청되고 있다. 건립 1주년에 그 업적은 경이(驚異)함직하다. … 국권강화의 실적이 있어 동서 15개 국의 정식 승인을 받게까지 된 것은 경이라고 함이 타당하고 이 점 경하할 일이다."[22]

---

20 양동안, 『대한민국 '건국일'과 '광복절' 고찰』, (백년동안, 2016), 32~33쪽.
21 양동안, 『대한민국 '건국일'과 '광복절' 고찰』, (백년동안, 2016), 150쪽.
22 양동안, 『대한민국 '건국일'과 '광복절' 고찰』, (백년동안, 2016), 150~151쪽.

③ 신익희 국회의장 등의 기념사[23]

1950년 8월 15일 대구시 문화회관에서 거행된 광복절 기념식에서
㉮ 신익희 국회의장은 '대한민국 독립 2주년 기념일',
㉯ 허억 대구시장은 개회사에서 '대한민국 독립 제2주년 기념일',
㉰ 조병옥 내무부장관은 '내무부장관의 해방 5주년 광복절 2주년 기념사'에서 "금년 8월 15일은 해방 후 5주년이 되는 날이요 대한민국이 탄생한 지 두 돌이 되는 거룩한 날이다."라고 말했습니다.

④ 이인 대법원 검사총장 취임사[24]

1946년 5월 24일 이인 대법원 검사총장[25]은 취임사에서 '사상·언론·출판·집회의 자유를 존중하나 상당한 책임과 한계를 벗어나 건국을 방해하거나 안녕질서를 교란하는 행위는 단호 배제할 것'이라고 강조했습니다. 이는 앞으로 건국을 추진하는 과정에서 방해나 질서교란 행위를 엄중 경계하는 말로써 건국을 미래 과제로 규정한 것입니다.

⑤ 경향신문 보도

---

23 대구매일신문 1950. 8. 15. 양동안, 「대한민국 '건국일'과 '광복절' 고찰」, (백년동안, 2016), 155쪽.
24 이중근, 『광복 1775일』, (우정문고, 2015), 2권 190~191쪽(상권 398쪽).
25 1946. 12. 15. 사법부의 기구명칭과 직명변경에 따라 대법원 검사국은 대검찰청으로, 검사총장은 검찰총장으로 개칭. 이중근, 『광복 1775일』, (우정문고, 2015), 3권 205~206쪽(상권 571쪽).

경향신문은 1949년 8월 15일 '건국 1주년 기념 문화인 간담회' 기사를 보도했고, 8월 16일 대한민국 독립 1주년 기념식과 시가지 풍경을 보도하면서 '독립 1주년', '건국 1주년', '정부 수립 1주년', '광복 돌맞이 날(광복 1주년)' 등을 호환적 동의어로 사용했습니다.[26]

⑥ 김대중·노무현 前 대통령 8·15경축사

㉮ 김대중 대통령은 1998년 광복절 경축사에서 "오늘은 광복 53주년 기념일이자 대한민국 정부 수립 50주년을 맞이하는 역사적인 날입니다. … 대한민국 건국 50년사는 우리에게 영광과 오욕이 함께했던 파란의 시기였습니다."라고 말했습니다. 뿐만 아니라 1998년 8월 15일부터 9월 25일까지 조선일보사와 예술의전당이 주최한 '대한민국 50년-우리들의 이야기' 사진전 개막식에 참석한 김대중 대통령은 '공산주의자들의 극단적 반대를 물리치고 건국(建國)을 한 과정부터 6·25의 시련을 극복하고 마침내 세계가 놀란 한강의 기적을 이룬 대한민국의 역사는 위대하고 자랑스러운 것'[27]이라고 말했습니다.

㉯ 노무현 대통령도 재임 중인 2003년 광복절 경축사에서 "일본 제국주의 압제에서 해방되었습니다. … 그로부터 3년 후에는 민주공화국을 세웠습니다. 국민이 주인이 되는 나라를 건설한 것

---

26 양동안, 「대한민국 '건국일'과 '광복절' 고찰」, (백년동안, 2016), 151쪽.
27 조선일보 2018. 8. 18. A21면.

입니다."라고 말했고, 2007년 광복절 경축사에서도 "그리고 3년 뒤 이날, 나라를 건설했습니다. 그리고 오늘 우리가 자유와 독립을 마음껏 누리고 사는 대한민국을 만들었습니다."라고 말했습니다.

다. 여운형의 건국준비위원회 결성

1945년 8월 15일 여운형은 해방 당일 저녁 건국준비위원회(약칭 건준)를 전격적으로 결성하고[28] 이를 전국 조직으로 확대했습니다.[29]

이를 두고 강만길 교수도 '발족 초기의 건국준비위원회는 당면 목표를 치안의 확보, 건국사업을 위한 민족역량의 일원화, … 등에다 두고, 한편으로 각 지방의 지부 조직을 확장해 갔다'[30]라고 밝혔듯이, 이때 여운형 등 좌파들도 대한민국 건국을 미래과제로 규정하고, 그 준비를 위한 위원회를 조직하였던 것입니다. 이미 건국이 되어 있었다면 건국을 준비하기 위한 별도의 전국적 위원회를 조직할 필요가 없는 것입니다.

라. 여운형의 조선인민공화국 선포의 변

1945년 9월 6일 건국준비위원회는 전국인민대표자대회를 열어 조선인민공화국의 성립을 선포하였습니다. 여운형은 정부를 급조하는 이

---

28 남시욱, 『한국 진보세력 연구』, (청미디어, 2009), 23쪽.
29 제주도(島) 건준은 1945년 9월 10일 제주농업학교 강당에서 각 읍·면대표 100여 명이 참석 결성되었다. 제주4·3위원회, 『제주4·3사건진상조사보고서』, (2003), 75쪽.
30 강만길, 『고쳐 쓴 한국현대사』, (창작과비평사, 1994), 255쪽.

유를 말하면서 "지금은 건국을 위한 비상시이니 비상조치로서 이렇게 할 수밖에 없었다."³¹라고 해명했습니다.

마. 상해임시정부 수립 이후부터 해방 전까지의 독립운동 문제

건국은 완전한 독립과 동의어입니다. 1919년 4월 11일을 명실상부한 대한민국의 건국일이라면 그때부터 1945년 8월 15일 해방될 때까지의 항일독립운동은 도대체 무엇이냐는 의문이 제기됩니다. 건국되고 완전 독립되었는데 무슨 독립운동이냐 라는 자기모순에 빠집니다.

상해임시정부 수립 후 선열들은 건국(완전한 독립)을 위해 치열한 항일독립운동을 전개했습니다. 따라서 이 독립운동은 건국 이후의 운동이 아니고 바로 건국을 위한 독립운동이었습니다.

상해임시정부 건국설 주장에 대해 문갑식 월간조선 편집장은
"셋째, 임시정부를 세운 그 자체는 대단한 쾌거지만 국민들은 일제에 의해 징용가고 종군위안부로 끌려가고 있었던 것을 '건국절'은 어떻게 설명한단 말인가?
넷째, 1919년에 건국했다면 대한제국이 1910년 일본에 강제 병합당하고 나라를 잃은 시기가 불과 9년에 불과하다는 말인가?"³²라고 비판하였습니다.

---

31 강만길, 「고쳐 쓴 한국현대사」, (창작과비평사, 1994), 258쪽.
32 「월간조선」, 2017년 9월호(통권450호), 59~60쪽.

바. 헌법재판소의 결정문에 대한 부정

2014년 12월 19일 헌법재판소가 선고한 통합진보당 해산 결정문 141쪽의 표현 '해방 이후 1948년 대한민국의 건국과 더불어 채택한 헌법'이라고,[33] 대한민국 건국일을 1948년 8월 15일로 단정했는데 상해임정 건국설을 주장하면 이를 부정하게 됩니다.

그리고 1948년 8월 15일 건국설을 위헌이라고 주장하는 독립운동 관련단체들과 정치권에서 헌법소원을 제기한 바 있었으나 2008년 11월 27일 헌법재판소 전원재판부에서 재판관 전원일치 의견으로 각하되었습니다.[34]

사. 대통령 및 국회의원의 선수(選數)와 대수(代數)의 기준 시점

선거관리위원회에서 전국 모든 세대주에게 보낸 2017년 5월 9일 실시하는 대통령선거 공보에도 '제19대 대통령선거 책자형선거공보'라 명기하였는데, 이는 1948년 7월 20일 당선된 이승만 초대 대통령을 기점으로 기산(起算)하여 제19대 대통령이며, 2016년 4월 13일 총선에 의해 구성된 현 국회는 1948년 5월 10일 선거[35]에 의해 구성된 국회를 기점으로 기산하여 제20대 국회입니다. 이 모두 1948년 선출된 대한민국 대통령과 국회의원이 제1대임을 나타내는 것으로써, 역대 대통령이

---

33 연세대 교수 류석춘 칼럼, 조선일보 2012. 12. 21. A38면.
34 2008. 11. 27. 2008헌마517, 조선일보 2017. 8. 15. A6면.
35 5·10선거에서 법정 유권자의 91.7%가 등록하고, 등록 선거인 95.5%가 투표해 국민 절대다수의 참여와 지지로 대한민국이 탄생하였다. 양동안, 『대한민국 건국사』, (현음사, 2001), 571쪽.

나 국회의원들이 인정한 사실이며, 선거관리위원회에서 대선이나 총선 때마다 선거 홍보물과 당선인에게 교부하는 '당선증'에 이를 명기하고 있습니다.[36] 이는 대한민국 건국이 1948년 8월 15일임을 말해줍니다.

아. 관보 및 이승만 대통령의 담화에 대한 해석

(1) 1948년 9월 1일자 관보 제1호

이승만 정부의 공식 기록인 1948년 9월 1일자 관보 제1호에 '대한민국 30년 9월 1일'이라고 기록되어 있습니다. 이 기록 하나만을 보면 1919년 임시정부 출범을 대한민국 건국으로 볼 수 있습니다.

그러나 연세대 교수 류석춘은 다음과 같이 지적했습니다.

"이승만은 대통령이 되기 전부터 국내외에서 독립운동을 하면서 스스로 생산한 문서에 1919년을 기점으로 '민국(民國) 00년'이란 표현을 즐겨 써 왔다. 당신이 임시정부의 수반이었기 때문에 더욱 더 독립운동의 당위성을 과시하는 전략으로 그러한 표현을 사용했다. 이승만 정부의 공보처가 1948년을 '대한민국 30년'이라고 표현한 배경이다. 그렇지만 이를 근거로 1919년 건국이 맞다고 주장하려면 동시에 다음과 같은 국가의 기록은 어떻게 해석할지 답을 제시해야 한다."[37]

---

36 공직선거법 공직선거관리규칙 제108조(당선증의 서식)
37 류석춘 칼럼, 조선일보 2012. 12. 21. A38면.

① 1953년 공보처가 발행한 '대통령 이승만 박사 담화집'에 실린 1949년 8월 15일 기념사에 "민국 건설 제1회 기념일인 오늘을 우리는 제4회 해방일과 같이 경축하게 된 것입니다."³⁸라는 기록이 있습니다.

② 1950년 8월 15일 대구시 문화극장에서 거행된 광복절 기념식에서 이승만 대통령은 기념사에서 '금년 8·15경축일은 민국독립 제2회 기념일'³⁹이라고 했습니다.

③ 1951년 8월 15일 광복절 경축 겸 남북통일 전취 국민총궐기대회에서 행정부는 분명히 제3회 광복절이라 표기하고 대통령 기념사 역시 독립 3주년이라고 명시했습니다.⁴⁰

자. 국가구성 4대 요소 구비 문제

건국(建國)이라는 말은 국가를 세운다는 뜻입니다.

'국가란 특정지역을 배타적으로 지배하면서 영토 내의 물리적 강제력을 독점하고, 영토에 거주하는 주민들에게 특정 질서를 강제하며, 외부세력과의 관계를 형성하는데 외부세력의 간섭을 받지 않는 포괄적인 정치적 결사이다.'⁴¹ 그래서 국가의 구성을 위해서는 영토·국민·정

---

38 양동안, 「대한민국 '건국일'과 '광복절' 고찰」, (백년동안, 2016), 32쪽.
39 양동안, 「대한민국 '건국일'과 '광복절' 고찰」, (백년동안, 2016), 139쪽.
40 양동안, 「대한민국 '건국일'과 '광복절' 고찰」, (백년동안, 2016), 139쪽.
41 양동안, 「대한민국 '건국일'과 '광복절' 고찰」, (백년동안, 2016), 17쪽.

부·주권이라는 4대요소가 구비되어야 완전한 국가가 되는 것입니다.

"정치학이나 법학에서 국가 구성의 필수 요소 또는 국제사회에서 국가로 대우 받기 위해 갖추어야 할 조건을 설명하는 유용한 준거로 '국가들의 권리와 의무에 관한 몬테비데오 협약(Montevideo Convention on the Rights and Duties of States)' 제1조의 내용을 이용하고 있다. 몬테비데오 협약 제1조는 국제법의 인격체로서의 국가는 다음의 자격요건을 갖추어야 한다.

(a) 상주하는 인구
(b) 명확한 영토
(c) 정부, 그리고
(d) 다른 국가들과의 관계를 맺을 수 있는 능력이라고 규정하고 있다."[42]

몬테비데오 협약 제1조에 의하면 상해임시정부는 '영토에 지속적으로 정주(定住)하는 인구 (또는)… 국적자로 등록한 상주하는 인구'가 없었고, 중국 상해에 있었기 때문에 '주변국들 또는 국제사회가 인정해 주는 영토 (또는)… 외부의 개인이나 집단이 함부로 침입할 수 없는 지역이라는 인식을 가질 정도로 수비되는 영토'도 없었고, '영토에 거주하는 인구에 대해 실효적 통제를 할 수 있는, 혹은 영토에 거주하는 인구가 준수할 법률을 제정하고 집행할 수 있는 정부'에 미치지 못

---

42 양동안, 「대한민국 '건국일'과 '광복절' 고찰」, (백년동안, 2016), 18쪽.

했으며, 국제적 승인을 받으려고 무진 애를 썼지만 실패하여 '대외적 독립성과 자주외교권 즉 주권'을 갖추지 못한 게 사실입니다.[43] 따라서 상해임시정부는 건국을 위한 준비였고 출발이었지 객관적으로 완전한 국가를 건국하였다고 규정하기에는 무리가 있습니다.

차. 대한민국 헌법 전문 해석의 의미

대한민국 헌법 전문에 '우리 대한국민은 3·1운동으로 건립된 대한민국임시정부의 법통을 계승하고'라고 규정되어 있습니다. 이는 대한민국이 1919년 3·1운동이나 그해 출범한 임시정부의 정신과 법통을 계승해야 한다는 의미입니다. 그래서 1948년 7월 20일 제헌헌법에 따라 국회에서 초대 정부통령 선거를 실시하여, 상해임시정부 초대 대통령이었던 이승만을 대통령으로 선출하고,[44] 부통령으로 상해임시정부 법무총장과 재무총장을 지낸 이시영을 선출하였으며,[45] 상해임시정부 광복군 참모장이었던 이범석을 국무총리 겸 국방장관으로 지명, 8월 2일 국회의 승인을 받음으로써[46] 3·1기미독립운동의 정신과 대한민국임시정부의 법통을 계승했다 할 것입니다.

강규형 교수의 주장을 인용하겠습니다.

---

43 양동안, 「대한민국 '건국일'과 '광복절' 고찰」, (백년동안, 2016), 18~19쪽.
44 투표자 196명 중 이승만 180표 92.3%, 김구 13표 6.6%, 안재홍 2표, 서재필 1표.
45 조선일보, 2018. 7. 25. A23면 : 1차투표 이시영 113표, 김구 65표, 조만식 10표, 오세창 5표, 장택상 3표, 서상일 1표, 2차투표 이시영 133표, 김구 62표.
46 찬성 110표, 반대 84표, 조선일보 2018. 8. 6. A21면.

"1919년은 3·1운동과 임시정부 수립이라는 역사적 사건을 통해 대한민국이 '잉태'된 것이기에 큰 의미를 갖는다. 왕정복고가 아닌 민주공화정을 추구하고, 독립된 근대 국민국가를 만들자는 이상은 대한민국 정체성을 세운 것이고, 그 정신과 법통을 이어받은 것이 대한민국이다. … 한반도에서 처음으로 실시된 자유선거이자 보통선거였던 5·10선거에서 국민주권이 구현됐고, … 1948년 8월 15일 제1공화국이란 대한민국 정부가 출범한 것은 국가의 '탄생'이었다. … 임정과 1945년 해방, 그리고 1948년 대한민국 출범은 결코 대립하는 것이 아니고 일련의 과정으로 해석해야 한다."[47]

그리고 양동안 교수는 다음과 같이 말합니다.

"1948년을 대한민국 건국 연도라고 말하는 것은 객관적 사실을 사실대로 말하는 것이며, 결코 임시정부의 가치를 평가절하하려는 의도와는 상관이 없는 것이다."[48]

즉 1948년 건국설을 주장하는 어느 누구도 3·1운동이나 상해임시정부의 독립정신을 폄훼하거나 무시한 일이 전혀 없습니다.

카. 좌파 역사연구단체의 주장 번복[49]

1948년 8월 15일 대한민국 건국설을 꾸준히 부정하고 공격하던 역

---

47 명지대 교수 강규형 칼럼, 조선일보 2016. 8. 29. A21면.
48 양동안, 「대한민국 '건국일'과 '광복절' 고찰」, (백년동안, 2016), 98쪽.
49 조선일보, 김성현 기자, 2019. 4. 13. 이선민 선임기자, 2019. 4. 15.

사문제연구소·역사학연구소·한국역사연구회 등 3개 좌파 역사연구단체는 상해임정 100주년 기념일 뒷날인 2019년 4월 12일 공동으로 '국가정통론의 동원과 역사전쟁의 함정'이라는 주제로 학술대회를 개최하여 그동안 자신들이 스스로 도입한 '임정법통론'을 손바닥 뒤집듯이 번복했습니다.

상해임정 건국론 즉 임정법통론을 인정하면 정통성은 대한민국에 있다는 것을 증명하는 것인 반면 북한은 역적이 됩니다. 그렇기 때문에 북한은 이를 처음부터 철저히 부정해 왔습니다. 조선공산당 기관지 해방일보도 김구 등 임정 요인들을 '국외에 있는 반일 혁명파의 한당파에 불과한 것으로'[50] 폄훼했고 북한도 임정에 대하여 중국 '장개석의 중국공산당 타도에 동조한 반동세력'으로 규정합니다.[51]

당시 박헌영의 태도도 북한 시각과 같습니다.
이승만이 1945년 10월 16일 귀국하고 10월 25일 독립촉성중앙협의회(약칭 독촉獨促)의 창설을 발표했을 때 공산당은 약 200개의 정당, 단체와 함께 독촉에 참가했다. ... 박헌영은 이승만이 제안한 연합국과 미국 국민에 감사하는 결의안의 수정을 요구했다. 아이러니하게도 박헌영은 임시정부가 공식 정부로서 귀국했다는 구절을 삭제하고자 했을 뿐 아니라 분할점령에 대한 이승만의 불평을 무마하기 원한 것

---

50 로버트 스칼라피노, 이정식, 『한국공산주의운동사』, (돌베개, 2018), 439쪽.
51 이주영, 『대한민국의 건국과정』, (건국이념보급회 출판부, 2013), 49쪽.

처럼 임시정부가 공식정부로서 귀국했다는 구절을 삭제하려고 할 만큼 임정을 인정하고 싶지 않으면서도 미·소 분할점령은 원했습니다.[52]

문재인 전 대통령이 2019년 100주년 3·1절 남북공동행사를 추진하다가 북한이 호응하지 않아서인지 흐지부지 되었고,[53] 상해임정 수립 100주년에 맞춰 이 날을 대한민국 건국절로 성대히 기념하겠다고 수차 공언하였으나 북한의 눈치를 봤는지 아무런 해명도 없이 조용히 지나갔습니다. 이종찬 광복회장은 윤석열 정부에서 부인함에도 불구하고 1948년 8월 15일을 건국절로 제정하려 한다는 구실로 2024년 광복절 행사에 불참하고 별도의 행사를 가졌습니다.

그러나 1998년 8월 15일 김대중 대통령이 사면을 단행하면서 '건국 50주년 경축 사면의 개요와 배경'이라는 제목의 정부 공문서가 있습니다. 거기에 '김대중 대통령은 대한민국 건국 50주년을 맞이하여 건국기념일인 8월 15일자로 … 사면을 단행했음'이라고 명기되어 있습니다. 당시 이종찬 회장은 국정원장이었으며 그때 아무런 문제 제기가 없었습니다.

---

52 로버트 스칼라피노, 이정식, 『한국공산주의운동사』, (돌베개, 2018), 436쪽.
53 문재인 대통령은 취임 후 '건국 100주년'을 강조하다가 임정을 부정적으로 평가하는 북한과 정상회담을 가진 후에는 슬며시 사용하지 않았지만, 2017년 광복절 경축사에서 '2019년은 대한민국 건국과 임시정부 수립 100주년을 맞는 해'라 했고, 이날 백범 묘소 방명록에 '건국 백년을 준비하겠습니다.'라고 기록했으며, 2018년 1월 2일에는 국립현충원 방명록에도 같은 글을 써놓았다.

3. 결론

이상 건국일과 관련된 여러 가지를 검토했습니다.

상해임시정부는 광복군을 창설하고 일본에 선전포고를 하는 등 치열한 독립운동을 전개하였고 그 정신과 노력의 결과는 오늘날 대한민국 건국과 번영의 기초가 되었습니다. 우리들은 선열들의 숭고한 항일 독립정신을 계승해야 하고 기려야 합니다.

다만 건국일의 관점에서 상해임시정부는 그 건국강령에 명시된 바와 같이 대한민국 건국을 위한 본격적 체계적 제도적 시동을 건 복국(復國) 단계인 임시정부이지 완전한 독립국가를 건국하였다고 보기에는 무리가 따릅니다.

결론은, 1948년 8월 15일 명실상부한 국가 구성 4대 요소를 갖춘 대한민국을 건국하였으며, 유엔총회에서 한반도 유일 합법정부로 승인을 받음으로써 국제법적인 주권국임을 확인받았습니다. 그리고 국민 절대다수가 참여한 최초의 보통선거에 의해 선출된 대표가 헌법을 제정하고 그 절차에 따라 건국한 대한민국은 당연히 1948년 8월 15일을 건국일로 정하는 것이 마땅하다 하겠습니다.

4·3을 바로 알자
부록 : 대한민국 건국절 논쟁

저자	김영중
편집	제주4·3사건재정립시민연대

초판 발행일	2024년 9월 3일
발행처	프리덤칼리지장학회
등록	제2023-000135호
주소	서울특별시 영등포구 국회대로 76길 33 중앙보훈회관 501호
전화	02) 737-0717
이메일	fcfkorea@fcf.kr
인쇄	아름원 02) 2264-3334

ISBN   979-11-987223-3-1(93300)

값 : 7,000원

※ 본서의 무단복제를 금하며, 잘못된 책은 교환해 드립니다.